RAINER MARIA
RILKE

DIE WEISE
VON LIEBE UND TOD
DES CORNETS
CHRISTOPH RILKE

MIT ILLUSTRATIONEN VON
KARL-GEORG HIRSCH

INSEL VERLAG

© Insel Verlag Berlin 2012

DIE WEISE VON LIEBE UND TOD DES CORNETS CHRISTOPH RILKE

»… den 24. November 1663 wurde Otto von Rilke / auf Langenau / Gränitz und Ziegra / zu Linda mit seines in Ungarn gefallenen Bruders Christoph hinterlassenem Antheile am Gute Linda beliehen; doch mußte er einen Revers ausstellen / nach welchem die Lehensreichung null und nichtig sein sollte / im Falle sein Bruder Christoph (der nach beigebrachtem Totenschein als Cornet in der Compagnie des Freiherrn von Pirovano des kaiserl. oesterr. Heysterschen Regiments zu Roß … verstorben war) zurückkehrt …«

Reiten, reiten, reiten, durch den Tag, durch die Nacht, durch den Tag. Reiten, reiten, reiten.
Und der Mut ist so müde geworden und die Sehnsucht so groß. Es gibt keine Berge mehr, kaum einen Baum. Nichts wagt aufzustehen. Fremde Hütten hocken durstig an versumpften Brunnen. Nirgends ein Turm. Und immer das gleiche Bild. Man hat zwei Augen zuviel. Nur in der Nacht manchmal glaubt man den Weg zu kennen. Vielleicht kehren wir nächtens immer wieder das Stück zurück, das wir in der fremden Sonne mühsam gewonnen haben? Es kann sein. Die Sonne ist schwer, wie bei uns tief im Sommer. Aber wir haben im Sommer Abschied genommen. Die Kleider der Frauen leuchteten lang aus dem Grün. Und nun reiten wir lang. Es muß also Herbst sein. Wenigstens dort, wo traurige Frauen von uns wissen.

Der von Langenau rückt im Sattel und sagt: »Herr Marquis …«
Sein Nachbar, der kleine feine Franzose, hat erst drei Tage lang gesprochen und gelacht. Jetzt weiß er nichts mehr. Er ist wie ein Kind, das schlafen möchte. Staub bleibt auf seinem feinen weißen Spitzenkragen liegen; er merkt es nicht. Er wird langsam welk in seinem samtenen Sattel.
Aber der von Langenau lächelt und sagt: »Ihr habt seltsame Augen, Herr Marquis. Gewiß seht Ihr Eurer Mutter ähnlich – «
Da blüht der Kleine noch einmal auf und stäubt seinen Kragen ab und ist wie neu.

Jemand erzählt von seiner Mutter. Ein Deutscher offenbar. Laut und langsam setzt er seine Worte. Wie ein Mädchen, das Blumen bindet, nachdenklich Blume um Blume probt und noch nicht weiß, was aus dem Ganzen wird –: so fügt er seine Worte. Zu Lust? Zu Leide? Alle lauschen. Sogar das Spucken hört auf. Denn es sind lauter Herren, die wissen, was sich gehört. Und wer das Deutsche nicht kann in dem Haufen, der versteht es auf einmal, fühlt einzelne Worte: »Abends« … »Klein war …«

Da sind sie alle einander nah, diese Herren, die aus Frankreich kommen und aus Burgund, aus den Niederlanden, aus Kärntens Tälern, von den böhmischen Burgen und vom Kaiser Leopold. Denn was der Eine erzählt, das haben auch sie erfahren und gerade so. Als ob es nur *eine* Mutter gäbe …

So reitet man in den Abend hinein, in irgend einen Abend. Man schweigt wieder, aber man hat die lichten Worte mit. Da hebt der Marquis den Helm ab. Seine dunklen Haare sind weich und, wie er das Haupt senkt, dehnen sie sich frauenhaft auf seinem Nacken. Jetzt erkennt auch der von Langenau: Fern ragt etwas in den Glanz hinein, etwas Schlankes, Dunkles. Eine einsame Säule, halbverfallen. Und wie sie lange vorüber sind, später, fällt ihm ein, daß das eine Madonna war.

Wachtfeuer. Man sitzt rundumher und wartet. Wartet, daß einer singt. Aber man ist so müd. Das rote Licht ist schwer. Es liegt auf den staubigen Schuhn. Es kriecht bis an die Kniee, es schaut in die gefalteten Hände hinein. Es hat keine Flügel. Die Gesichter sind dunkel. Dennoch leuchten eine Weile die Augen des kleinen Franzosen mit eigenem Licht. Er hat eine kleine Rose geküßt, und nun darf sie weiterwelken an seiner Brust. Der von Langenau hat es gesehen, weil er nicht schlafen kann. Er denkt: Ich habe keine Rose, keine.

Dann singt er. Und das ist ein altes trauriges Lied, das zu Hause die Mädchen auf den Feldern singen, im Herbst, wenn die Ernten zu Ende gehen.

Sagt der kleine Marquis: »Ihr seid sehr jung, Herr?«
Und der von Langenau, in Trauer halb und halb in Trotz: »Achtzehn.«
Dann schweigen sie.
Später fragt der Franzose: »Habt Ihr auch eine Braut daheim, Herr Junker?«
»Ihr?« gibt der von Langenau zurück.
»Sie ist blond wie Ihr.«
Und sie schweigen wieder, bis der Deutsche ruft: »Aber zum Teufel, warum sitzt Ihr denn dann im Sattel und reitet durch dieses giftige Land den türkischen Hunden entgegen?«
Der Marquis lächelt. »Um wiederzukehren.«
Und der von Langenau wird traurig. Er denkt an ein blondes Mädchen, mit dem er spielte. Wilde Spiele. Und er möchte nach Hause, für einen Augenblick nur, nur für so lange, als es braucht, um die Worte zu sagen: »Magdalena, – daß ich immer *so war*, verzeih!«
Wie – war? denkt der junge Herr. – Und sie sind weit.

Einmal, am Morgen, ist ein Reiter da, und dann ein zweiter, vier, zehn. Ganz in Eisen, groß. Dann tausend dahinter: Das Heer.

Man muß sich trennen.

»Kehrt glücklich heim, Herr Marquis. –«

»Die Maria schützt Euch, Herr Junker.«

Und sie können nicht voneinander. Sie sind Freunde auf einmal, Brüder. Haben einander mehr zu vertrauen; denn sie wissen schon so viel Einer vom Andern. Sie zögern. Und ist Hast und Hufschlag um sie. Da streift der Marquis den großen rechten Handschuh ab. Er holt die kleine Rose hervor, nimmt ihr ein Blatt. Als ob man eine Hostie bricht.

»Das wird Euch beschirmen. Lebt wohl.«

Der von Langenau staunt. Lange schaut er dem Franzosen nach. Dann schiebt er das fremde Blatt unter den Waffenrock. Und es treibt auf und ab auf den Wellen seines Herzens. Hornruf. Er reitet zum Heer, der Junker. Er lächelt traurig: ihn schützt eine fremde Frau.

Ein Tag durch den Troß. Flüche, Farben, Lachen –: davon blendet das Land. Kommen bunte Buben gelaufen. Raufen und Rufen. Kommen Dirnen mit purpurnen Hüten im flutenden Haar. Winken. Kommen Knechte, schwarzeisern wie wandernde Nacht. Packen die Dirnen heiß, daß ihnen die Kleider zerreißen. Drücken sie an den Trommelrand. Und von der wilderen Gegenwehr hastiger Hände werden die Trommeln wach, wie im Traum poltern sie, poltern –. Und Abends halten sie ihm Laternen her, seltsame: Wein, leuchtend in eisernen Hauben. Wein? Oder Blut? – Wer kanns unterscheiden?

Endlich vor Spork. Neben seinem Schimmel ragt der Graf. Sein langes Haar hat den Glanz des Eisens.
Der von Langenau hat nicht gefragt. Er erkennt den General, schwingt sich vom Roß und verneigt sich in einer Wolke Staub. Er bringt ein Schreiben mit, das ihn empfehlen soll beim Grafen. Der aber befiehlt: »Lies mir den Wisch.« Und seine Lippen haben sich nicht bewegt. Er braucht sie nicht dazu; sind zum Fluchen gerade gut genug. Was drüber hinaus ist, redet die Rechte. Punktum. Und man sieht es ihr an. Der junge Herr ist längst zu Ende. Er weiß nicht mehr, wo er steht. Der Spork ist vor Allem. Sogar der Himmel ist fort. Da sagt Spork, der große General: »Cornet.«
Und das ist viel.

Die Kompagnie liegt jenseits der Raab. Der von Langenau reitet hin, allein. Ebene. Abend. Der Beschlag vorn am Sattel glänzt durch den Staub. Und dann steigt der Mond. Er sieht es an seinen Händen.
Er träumt.
Aber da schreit es ihn an.
Schreit, schreit,
zerreißt ihm den Traum.
Das ist keine Eule. Barmherzigkeit:
der einzige Baum
schreit ihn an:
Mann!
Und er schaut: es bäumt sich. Es bäumt sich ein Leib den Baum entlang, und ein junges Weib,
blutig und bloß,
fällt ihn an: Mach mich los!

Und er springt hinab in das schwarze Grün
und durchhaut die heißen Stricke;
und er sieht ihre Blicke glühn
und ihre Zähne beißen.

Lacht sie?

Ihn graust.
Und er sitzt schon zu Roß
und jagt in die Nacht. Blutige Schnüre fest in der Faust.

Der von Langenau schreibt einen Brief, ganz in Gedanken. Langsam malt er mit großen, ernsten, aufrechten Lettern:

>»*Meine gute Mutter,*
>»*seid stolz: Ich trage die Fahne,*
>»*seid ohne Sorge: Ich trage die Fahne,*
>»*habt mich lieb: Ich trage die Fahne –* «

Dann steckt er den Brief zu sich in den Waffenrock, an die heimlichste Stelle, neben das Rosenblatt. Und denkt: er wird bald duften davon. Und denkt: vielleicht findet ihn einmal Einer … Und denkt: …; denn der Feind ist nah.

Sie reiten über einen erschlagenen Bauer. Er hat die Augen weit offen und Etwas spiegelt sich drin; kein Himmel. Später heulen Hunde. Es kommt also ein Dorf, endlich. Und über den Hütten steigt steinern ein Schloß. Breit hält sich ihnen die Brücke hin. Groß wird das Tor. Hoch willkommt das Horn. Horch: Poltern, Klirren und Hundegebell! Wiehern im Hof, Hufschlag und Ruf.

Rast! Gast sein einmal. Nicht immer selbst seine Wünsche bewirten mit kärglicher Kost. Nicht immer *feindlich* nach allem fassen; einmal sich alles geschehen lassen und wissen: was geschieht, ist gut. Auch der Mut muß einmal sich strecken und sich am Saume seidener Decken in sich selber überschlagen. Nicht immer Soldat sein. Einmal die Locken offen tragen und den weiten offenen Kragen und in seidenen Sesseln sitzen und bis in die Fingerspitzen *so*: nach dem Bad sein. Und wieder erst lernen, was Frauen sind. Und wie die weißen tun und wie die blauen sind; was für Hände sie haben, wie sie ihr Lachen singen, wenn blonde Knaben die schönen Schalen bringen, von saftigen Früchten schwer.

Als Mahl beganns. Und ist ein Fest geworden, kaum weiß man wie. Die hohen Flammen flackten, die Stimmen schwirrten, wirre Lieder klirrten aus Glas und Glanz, und endlich aus den reifgewordnen Takten: entsprang der Tanz. Und alle riß er hin. Das war ein Wellenschlagen in den Sälen, ein Sich-Begegnen und ein Sich-Erwählen, ein Abschiednehmen und ein Wiederfinden, ein Glanzgenießen und ein Lichterblinden und ein Sich-Wiegen in den Sommerwinden, die in den Kleidern warmer Frauen sind.
Aus dunklem Wein und tausend Rosen rinnt die Stunde rauschend in den Traum der Nacht.

Und Einer steht und staunt in diese Pracht. Und er ist so geartet, daß er wartet, ob er erwacht. Denn nur im Schlafe schaut man solchen Staat und solche Feste solcher Frauen: ihre kleinste Geste ist eine Falte, fallend in Brokat. Sie bauen Stunden auf aus silbernen Gesprächen, und manchmal heben sie die Hände so –, und du mußt meinen, daß sie irgendwo, wo du nicht hinreichst, sanfte Rosen brächen, die du nicht siehst. Und da träumst du: Geschmückt sein mit ihnen und anders beglückt sein und dir eine Krone verdienen für deine Stirne, die leer ist.

Einer, der weiße Seide trägt, erkennt, daß er nicht erwachen kann; denn er ist wach und verwirrt von Wirklichkeit. So flieht er bange in den Traum und steht im Park, einsam im schwarzen Park. Und das Fest ist fern. Und das Licht lügt. Und die Nacht ist nahe um ihn und kühl. Und er fragt eine Frau, die sich zu ihm neigt:
»Bist Du die Nacht?«
Sie lächelt.
Und da schämt er sich für sein weißes Kleid.
Und möchte weit und allein und in Waffen sein.
Ganz in Waffen.

»Hast Du vergessen, daß Du mein Page bist für diesen Tag? Verlässest Du mich? Wo gehst Du hin? Dein weißes Kleid gibt mir Dein Recht –.«

_____

»Sehnt es Dich nach Deinem rauhen Rock?«

_____

»Frierst Du? – Hast Du Heimweh?«
Die Gräfin lächelt.
Nein. Aber das ist nur, weil das Kindsein ihm von den Schultern gefallen ist, dieses sanfte dunkle Kleid. Wer hat es fortgenommen? »Du?« fragt er mit einer Stimme, die er noch nicht gehört hat. »Du!«
Und nun ist nichts an ihm. Und er ist nackt wie ein Heiliger. Hell und schlank.

Langsam lischt das Schloß aus. Alle sind schwer: müde oder verliebt oder trunken. Nach so vielen leeren, langen Feldnächten: Betten. Breite eichene Betten. Da betet sichs anders als in der lumpigen Furche unterwegs, die, wenn man einschlafen will, wie ein Grab wird.

»Herrgott, wie Du willst!«
Kürzer sind die Gebete im Bett.
Aber inniger.

Die Turmstube ist dunkel.
Aber sie leuchten sich ins Gesicht mit ihrem Lächeln. Sie tasten vor sich her wie Blinde und finden den Andern wie eine Tür. Fast wie Kinder, die sich vor der Nacht ängstigen, drängen sie sich in einander ein. Und doch fürchten sie sich nicht. Da ist nichts, was gegen sie wäre: kein Gestern, kein Morgen; denn die Zeit ist eingestürzt. Und sie blühen aus ihren Trümmern.
Er fragt nicht: »Dein Gemahl?«
Sie fragt nicht: »Dein Namen?«
Sie haben sich ja gefunden, um einander ein neues Geschlecht zu sein.
Sie werden sich hundert neue Namen geben und einander alle wieder abnehmen, leise, wie man einen Ohrring abnimmt.

Im Vorsaal über einem Sessel hangt der Waffenrock, das Bandelier und der Mantel von dem von Langenau. Seine Handschuhe liegen auf dem Fußboden. Seine Fahne steht steil, gelehnt an das Fensterkreuz. Sie ist schwarz und schlank. Draußen jagt ein Sturm über den Himmel hin und macht Stücke aus der Nacht, weiße und schwarze. Der Mondschein geht wie ein langer Blitz vorbei, und die reglose Fahne hat unruhige Schatten. Sie träumt.

War ein Fenster offen? Ist der Sturm im Haus? Wer schlägt die Türen zu? Wer geht durch die Zimmer? – Laß. Wer es auch sei. Ins Turmgemach findet er nicht. Wie hinter hundert Türen ist dieser große Schlaf, den zwei Menschen gemeinsam haben; so gemeinsam wie *eine* Mutter oder *einen* Tod.

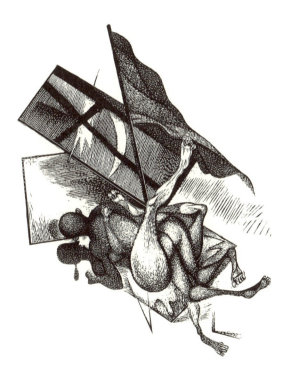

Ist das der Morgen? Welche Sonne geht auf? Wie groß ist die Sonne. Sind das Vögel? Ihre Stimmen sind überall.

Alles ist hell, aber es ist kein Tag.

Alles ist laut, aber es sind nicht Vogelstimmen.

Das sind die Balken, die leuchten. Das sind die Fenster, die schrein. Und sie schrein, rot, in die Feinde hinein, die draußen stehn im flackernden Land, schrein: Brand.

Und mit zerrissenem Schlaf im Gesicht drängen sich alle, halb Eisen, halb nackt, von Zimmer zu Zimmer, von Trakt zu Trakt und suchen die Treppe.

Und mit verschlagenem Atem stammeln Hörner im Hof:

Sammeln, sammeln!

Und bebende Trommeln.

Aber die Fahne ist nicht dabei.
Rufe: Cornet!
Rasende Pferde, Gebete, Geschrei,
Flüche: Cornet!
Eisen an Eisen, Befehl und Signal;
Stille: Cornet!
Und noch ein Mal: Cornet!
Und heraus mit der brausenden Reiterei.

——————————————————

Aber die Fahne ist nicht dabei.

Er läuft um die Wette mit brennenden Gängen, durch Türen, die ihn glühend umdrängen, über Treppen, die ihn versengen, bricht er aus aus dem rasenden Bau. Auf seinen Armen trägt er die Fahne wie eine weiße, bewußtlose Frau. Und er findet ein Pferd, und es ist wie ein Schrei: über alles dahin und an allem vorbei, auch an den Seinen. Und da kommt auch die Fahne wieder zu sich und niemals war sie so königlich; und jetzt sehn sie sie alle, fern voran, und erkennen den hellen, helmlosen Mann und erkennen die Fahne ...

Aber da fängt sie zu scheinen an, wirft sich hinaus und wird groß und rot ...

_ _

Da brennt ihre Fahne mitten im Feind, und sie jagen ihr nach.

Der von Langenau ist tief im Feind, aber ganz allein. Der Schrecken hat um ihn einen runden Raum gemacht, und er hält, mitten drin, unter seiner langsam verlodernden Fahne.

Langsam, fast nachdenklich, schaut er um sich. Es ist viel Fremdes, Buntes vor ihm. Gärten – denkt er und lächelt. Aber da fühlt er, daß Augen ihn halten und erkennt Männer und weiß, daß es die heidnischen Hunde sind – : und wirft sein Pferd mitten hinein.

Aber, als es jetzt hinter ihm zusammenschlägt, sind es doch wieder Gärten, und die sechzehn runden Säbel, die auf ihn zuspringen, Strahl um Strahl, sind ein Fest. Eine lachende Wasserkunst.

Der Waffenrock ist im Schlosse verbrannt, der Brief und das Rosenblatt einer fremden Frau. –

Im nächsten Frühjahr (es kam traurig und kalt) ritt ein Kurier des Freiherrn von Pirovano langsam in Langenau ein. Dort hat er eine alte Frau weinen sehen.

NACHWORT

Am 25. Juli 1912 schreibt Anton Kippenberg, der Leiter des Insel-Verlags, aus Leipzig an seinen Autor Rainer Maria Rilke: »Lieber verehrter Freund! (…) Das Erscheinen des Cornet Rilke in der Insel-Bücherei hat geradezu eine Rilke-Hausse zur Folge gehabt. Nicht nur der Cornet selbst, der ja immer ein guter Reiter war, hat sich mit 8000 Exemplaren Absatz (bedenken Sie in drei Wochen!) an die Spitze aller übrigen gesetzt, er hat auch das Fähnlein der übrigen Bücher mit sich gerissen. (…) der Cornet Rilke wird natürlich nun auch schnell neu gedruckt. Ich kann wohl unbedenklich jetzt 20000 herstellen lassen? Was sagen Sie zu dem Rilke, der nun populär wird?«

»Die Weise von Liebe und Tod des Cornets Christoph Rilke« sei, so berichtet der Autor, »das unvermutete Geschenk einer einzigen Nacht, einer Herbstnacht, in einem Zuge hingeschrieben bei zwei im Nachtwind wehenden Kerzen; das Hinziehen von Wolken über dem Mond hat ihn verursacht, nachdem die stoffliche Veranlassung mir, einige Wochen vorher, durch die erste Bekanntschaft mit gewissen, durch Erbschaft an mich gelangten Familienpapieren eingeflößt worden war.« Der Ort der Niederschrift sei, so Rilke weiter, 1899 die Villa Waldfrieden in Berlin-Schmargendorf gewesen. Eine revidierte Fassung schenkt Rilke Stefan Zweig, der bald Kippenbergs wichtigster literarischer Berater wird. Die Zeitschrift »Deutsche Arbeit« in Prag veröffentlicht 1904 einen Vorabdruck, in Buchform erscheint der Text dann 1906 im Axel Juncker Verlag in Berlin.

Anton Kippenberg, der ab 1905 die Leitung des finanziell angeschlagenen Insel Verlags übernommen hat, versucht schon in den ersten Jahren seiner Verlegertätigkeit Rainer Maria Rilke, von dem bereits einzelne Bücher bei der »Insel« erschienen sind, als Autor zurückzugewinnen und die Rechte für andernorts publizierte Werke wie den »Cornet« und »Das Buch der Bilder« zu erwerben. An Rilke schreibt Kippenberg 1911: »Ich muß oft sagen, daß ich Junckers Antwort nicht anders erwartet hatte (...). Ich behalte das ›Buch der Bilder‹ im Auge und wenn der Zeitpunkt gekommen ist, rücke ich mit einem Scheck heraus. Fraglich ist ja die ganze Angelegenheit des ›Cornet‹. Ich will in den nächsten Tagen einmal mit einem auf dem Gebiet des

Urheberrechts erfahrenen Juristen darüber sprechen und mit ihm beraten, was zu tun ist.«

Siegfried Unseld, von 1965 an Verleger des Insel Verlags in Frankfurt am Main, faßt den weiteren Verlauf der Publikationsgeschichte in seiner Vorlesung »Rainer Maria Rilke und seine Verleger« so zusammen: »Im Januar 1912 schlägt Kippenberg für seine ›Dreißig-Pfennig-Bücher‹ (die Wochen danach zu 50-Pfennig-Büchern avancieren und die die berühmte ›Insel-Bücherei‹ werden sollten) vor, zwei Prosageschichten oder eine Auswahl der Gedichte auf vierzig Seiten zu bringen. 150 Mark für je 10000 Exemplare. Am 22. Januar berichtet Kippenberg Rilke, daß Axel Juncker für 400 Mark nun doch den ›Cornet‹ definitiv aufgibt. Kippenberg wünscht den ›Cornet‹ in seine 50-Pfennig-Reihe aufzunehmen und erhöht das Honorar von M 150,– auf M 400,–. Ende Juni 1912 erscheinen die ersten 12 Bände der ›Insel-Bücherei‹, von Hand in den besten Schriften der Zeit gesetzt, auf holzfreiem Papier gedruckt und, was neu bei einer Buchserie dieser Preisgruppe war, solide in Pappe gebunden. Nummer 1 war der ›Cornet‹, der schon im Erscheinungsjahr mit

22000 Exemplaren verkauft wurde. 1916 erschien das 88. Tausend, 1922 das 251. Tausend, 1934 das 500. Tausend, und 1962 stieg die Auflage über 1 Million.«

Der Inhalt ist schnell zusammengefaßt. Der achtzehnjährige Christoph von Rilke reitet durch eine schier endlose Ebene in Ungarn einem türkischen Heer entgegen: »*Und immer das gleiche Bild. Man hat zwei Augen zuviel.*« Die europäische Armee, der er angehört, ist multinational, ein französischer Soldat, mit dem er sich befreundet, schenkt Christoph ein Rosenblatt, ein Andenken seiner Geliebten, das auch den neu gewonnenen Freund beschützen soll. Der General ernennt den jungen Rilke zum Fahnenträger, zum Cornet. Er schreibt seiner Mutter einen Brief, den er nicht abschickt; schließlich machen sie Rast auf einem Schloß – *als Mahl beganns. Und ist ein Fest geworden*« –, er trifft dort eine Frau und verbringt die Nacht mit ihr im Turmzimmer. Am Morgen steht das Schloß in Flammen, der Fahnenträger reitet ohne Waffen und Rüstung den heraneilenden Belagerern, dem sicheren Tod entgegen.

Den 27 Seiten des Textes ist wie ein Motto die Zusammenfassung einer Urkunde vorangestellt, die die historische Folie liefert: Darin wird Otto von Rilke das Gut Langenau seines im habsburgisch-osmanischen Krieg 1663 vermißten Bruders Christoph übertragen.

Von Anfang an wurde nach Gründen für den Erfolg der Erzählung gesucht: Der »Cornet« habe deshalb so hohe Auflagen erzielt, weil er im Tornister der Soldaten der beiden Weltkriege gesteckt habe, ist oft zu lesen, eine Behauptung, die mittlerweile auch Eingang in den Wikipedia-Artikel über den »Cornet« gefunden hat. Die Nazi-Ideologie deutete das ernüchternde Ende des empfindsamen Cornets zum vorbildlichen Helden- und Opfertod für das Volksganze um. Die feministische Literaturkritik erklärt die hohen Verkaufszahlen mit der patriarchalisch-militaristischen Gesinnung des »Cornet«: Dem Soldaten sei letztlich die phallische Fahne wichtiger als die Geliebte.
Die amerikanische Schriftstellerin Susan Sontag schreibt in ihrem Essay »Against Interpretation«: »Wirkliche Kunst hat die Eigenschaft, uns nervös zu machen. Indem man das Kunstwerk auf seinen Inhalt reduziert und diesen dann interpretiert, zähmt

man es.« Der schiere Text, ohne weltanschaulich gesteuerte Interpretation, bietet nur dies: Der Cornet sucht nicht den Tod, er will lieben. »Nervös« aber machten uns die Empfindsamkeit und die Welterfahrenheit des jungen Mannes, die Wahrnehmung des Krieges wirkt gleichzeitig preziös und glaubwürdig. Die Schilderungen der Kriegsverwüstung erzeugen ein fremdartig-surreales Szenario, der Schrecken ist groß und unbegreiflich, der allgegenwärtige Tod des jungen Mannes sinnlos: »*Sie reiten über einen erschlagenen Bauer. Er hat die Augen weit offen und etwas spiegelt sich drin, kein Himmel.*« Inhaltlich unterscheidet sich der »Cornet« nur wenig von Romanen wie Grimmelshausens »Simplicissimus«, Remarques »Im Westen nichts Neues«, ungewöhnlich aber ist die von Rilke gewählte Form.

Die bis heute bestehende Faszination des »Cornet« geht von der lyrischen Sprache aus, den kurzen, staccatoartigen Sätzen, der Musikalität und dem Rhythmus, der Anschaulichkeit des Textes:

»Reiten, reiten, reiten, durch den Tag, durch die Nacht, durch den Tag. Reiten, reiten, reiten.
Und der Mut ist so müde geworden und die Sehnsucht so groß.«

Die Erzählung hat bis heute elf unterschiedliche Vertonungen erfahren. Denn der »Cornet« wird von seinen Lesern vor allem anderen als Musik wahrgenommen – mit einfachen, einprägsamen Klangbildern, mit Synkopen und Reprisen. Und der hochartifizielle ›Blues‹ scheint seine Wirksamkeit auch in Zeiten zu behalten, in denen der Krieg nicht selbsterlebte Wirklichkeit ist.

Zum Jubiläum der Insel-Bücherei liegt der »Cornet« erstmalig illustriert vor. Der Grafiker und Buchillustrator Karl-Georg Hirsch, dessen buchkünstlerisches Gesamtwerk 2011 mit dem Gutenberg-Preis der Stadt Leipzig ausgezeichnet wurde, hat diese Aufgabe übernommen. »Daß da am Ende wieder eine Mutter steht, die ihren Sohn verloren hat«, habe ihn zu der Arbeit motiviert, und Rilkes Buch habe ihm eigene Erlebnisse wieder ins Gedächtnis gerufen: die Flucht mit seiner Mutter von Breslau nach Leipzig als siebenjähriger Junge mitten durch die Schlachtfelder des Weltkriegs.

Hirsch, der vor allem als Holzstecher hervorgetreten ist, hat für den »Cornet« sogenannte Schabblätter angefertigt. Zeichenkarton wird dafür mit Kreide eingestrichen und mit schwarzer Farbe überzogen. Nach dem Trocknen werden die weißen Linien der Zeichnung mit einem Schabmesser oder Stichel herausgekratzt. Alle Illustrationen werden in der vorliegenden Ausgabe in Originalgröße wiedergegeben.

Matthias Reiner

Die Nummer 1350 der Insel-Bücherei erscheint in einer
einmaligen, arabisch numerierten und auf 650 Exemplare
limitierten, signierten Vorzugsausgabe in ein Original-
Kleisterpapier von Gisela Reschke, Hamburg, gebunden
© Insel Verlag Berlin 2012. Alle Rechte vorbehalten
Typografie und Satz: Werner Zegarzewski
Gesetzt in der Schrift Dante Medium & Regular
Lithographie: RGD Dreieich
Gedruckt auf holzfreies, alterungsbeständiges Papier,
geliefert von Geese, Hamburg,
vom Memminger MedienCentrum
Einband: Christiane Hiemenz, Heidelberg
Printed in Germany
ISBN 978-3-458-17528-5

Exemplar Nr. 294